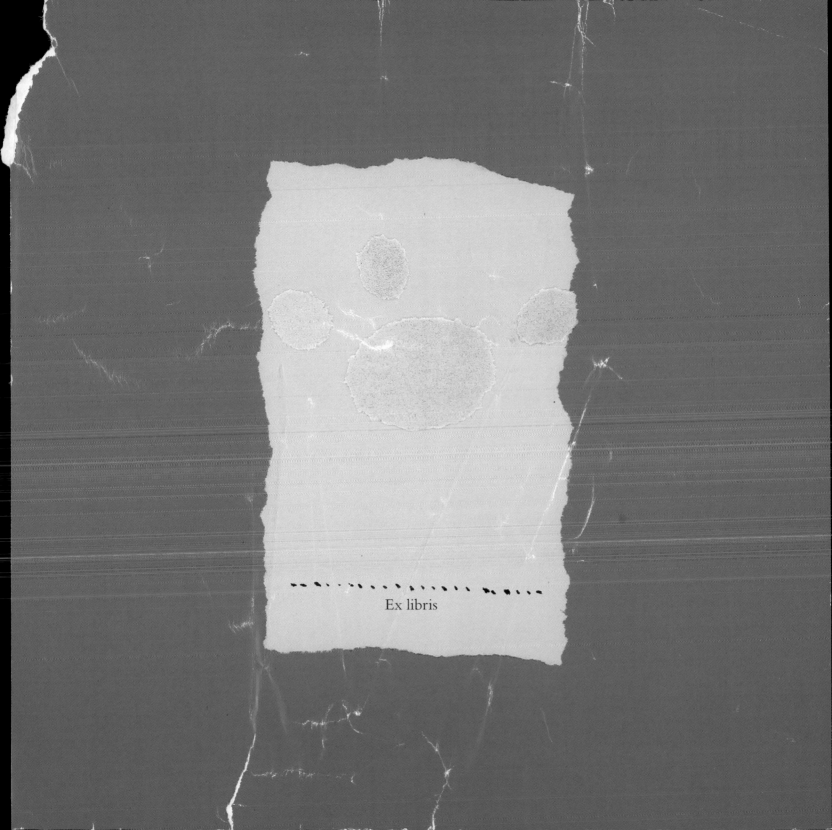

Ex libris

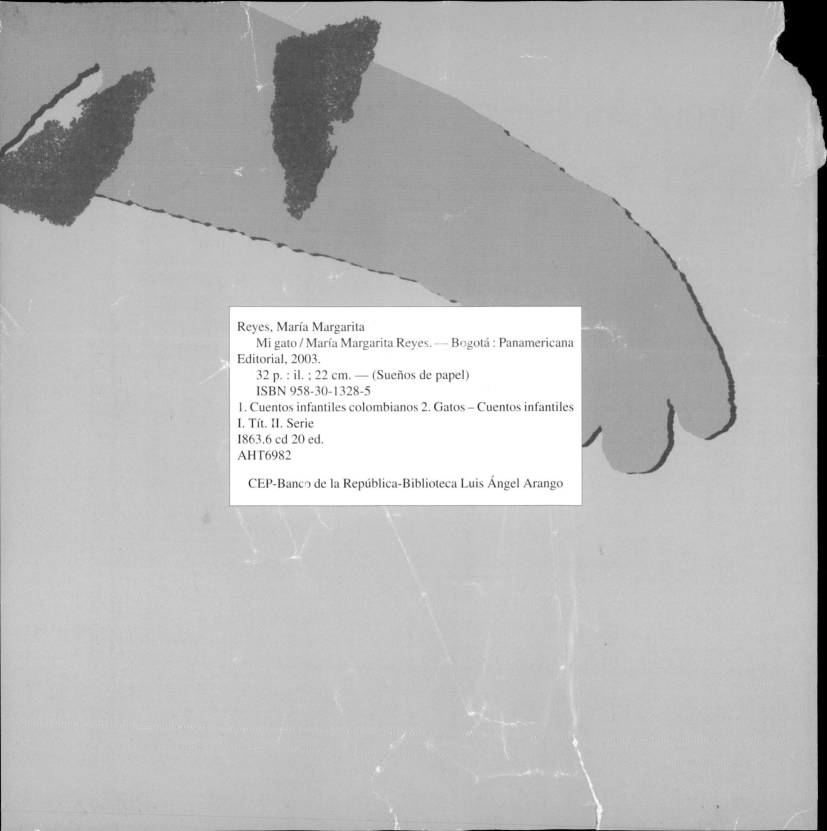

Reyes, María Margarita
    Mi gato / María Margarita Reyes. --- Bogotá : Panamericana
Editorial, 2003.
    32 p. : il. ; 22 cm. — (Sueños de papel)
    ISBN 958-30-1328-5
1. Cuentos infantiles colombianos 2. Gatos – Cuentos infantiles
I. Tít. II. Serie
I863.6 cd 20 ed.
AHT6982

    CEP-Banco de la República-Biblioteca Luis Ángel Arango

Mi gato

Editor
Panamericana Editorial Ltda.

Edición
Mónica Montes Ferrando

Textos e ilustraciones
María Margarita Reyes
Universidad Nacional de Colombia
Sede Bogotá
Facultad de Artes
Escuela de Diseño Gráfico
Trabajo de grado, II semestre 2001
Mención Meritoria
Director: Carlos Riaño

Diagramación
®Marca Registrada Diseño Gráfico Ltda.

Primera edición, enero de 2004

© Panamericana Editorial Ltda.
Calle 12 No. 34-20, Tels.: 3603077 - 2770100
Fax: (57 1) 2373805
Correo electrónico: panaedit@panamericanaeditorial.com
www.panamericanaeditorial.com
Bogotá, D.C., Colombia

ISBN: 958-30-1328-5

Impreso por Panamericana Formas e Impresos S. A.
Calle 65 No. 95-28. Tels.: 4302110 - 4300355. Fax: (571) 2763008
Quien sólo actúa como impresor.

Impreso en Colombia   Printed in Colombia

Mi gato

Texto e ilustraciones

María Margarita Reyes

SUEÑOS
DE PAPEL

PANAMERICANA
EDITORIAL

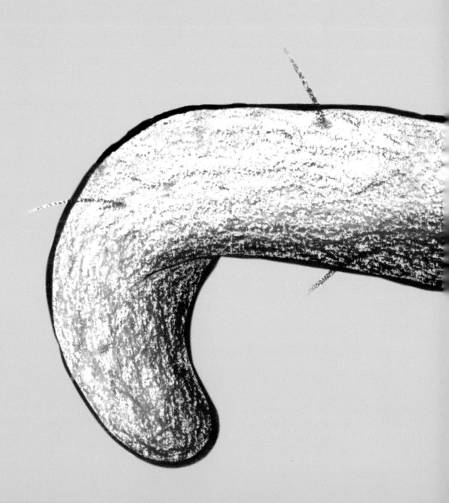

Para Gracielita, Irene
y el gato de Isa.

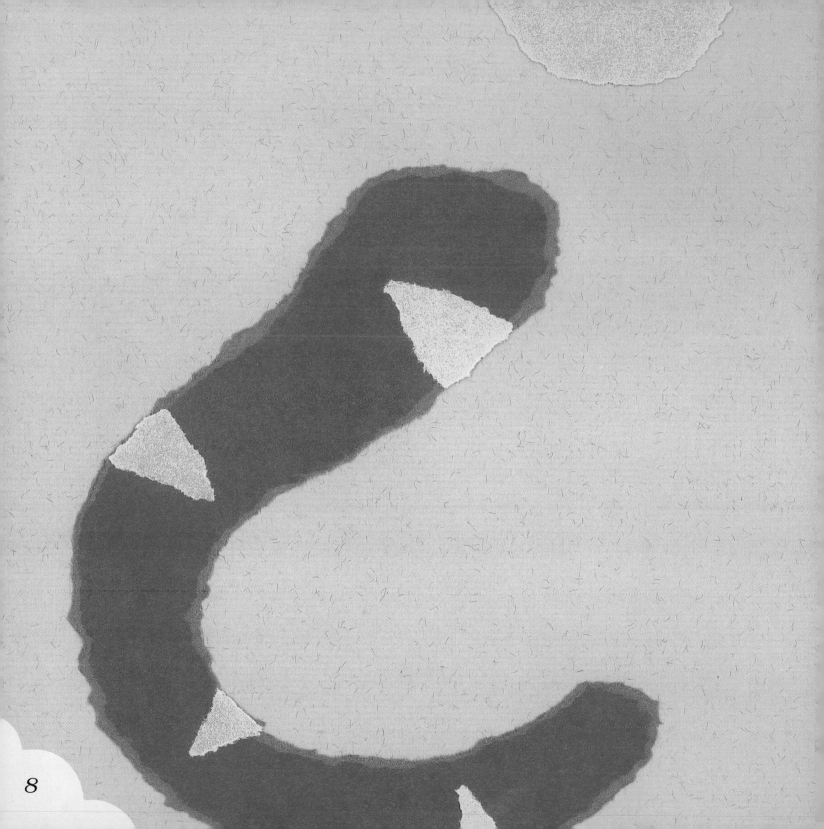

8

Mi gato es perezoso, gordo y consentido.
Le encanta la leche y cazar ratones,
además de jugar con los pajaritos...
¡Ah! y no cambia su juguete preferido.
¿Cuál será?
¡Anímate a descubrir lo que hace mi gato!

Mi gato

tomando leche...

Jugando con

pàjaros

cafés

17

cazando

ratones

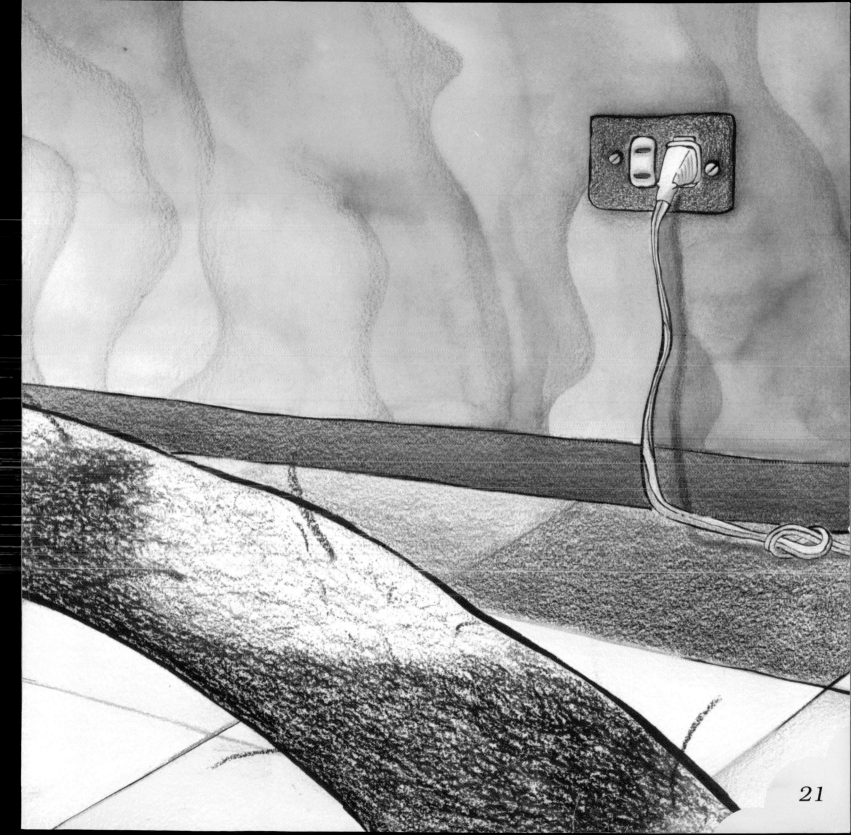

mi gato

con su
juguete preferido

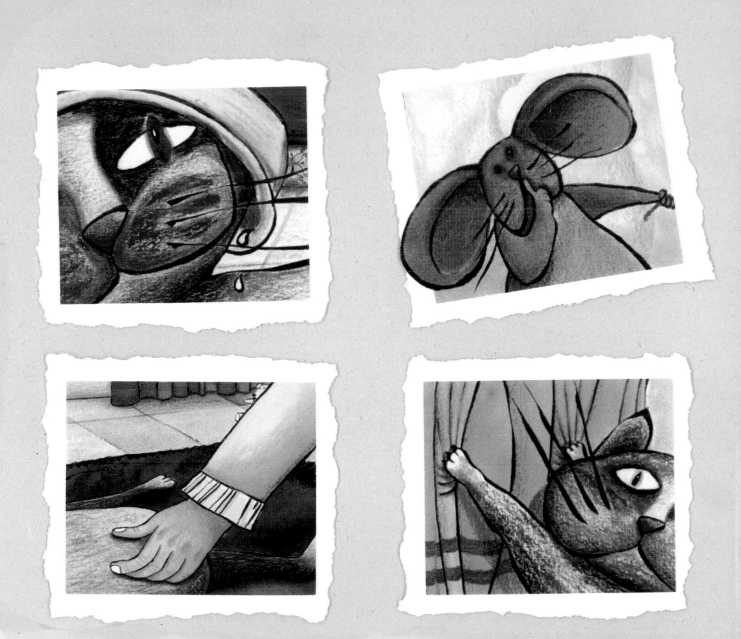

álbum fotográfico

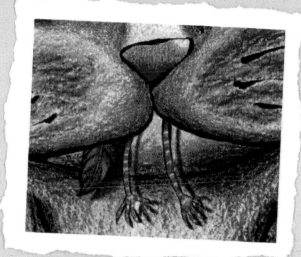 

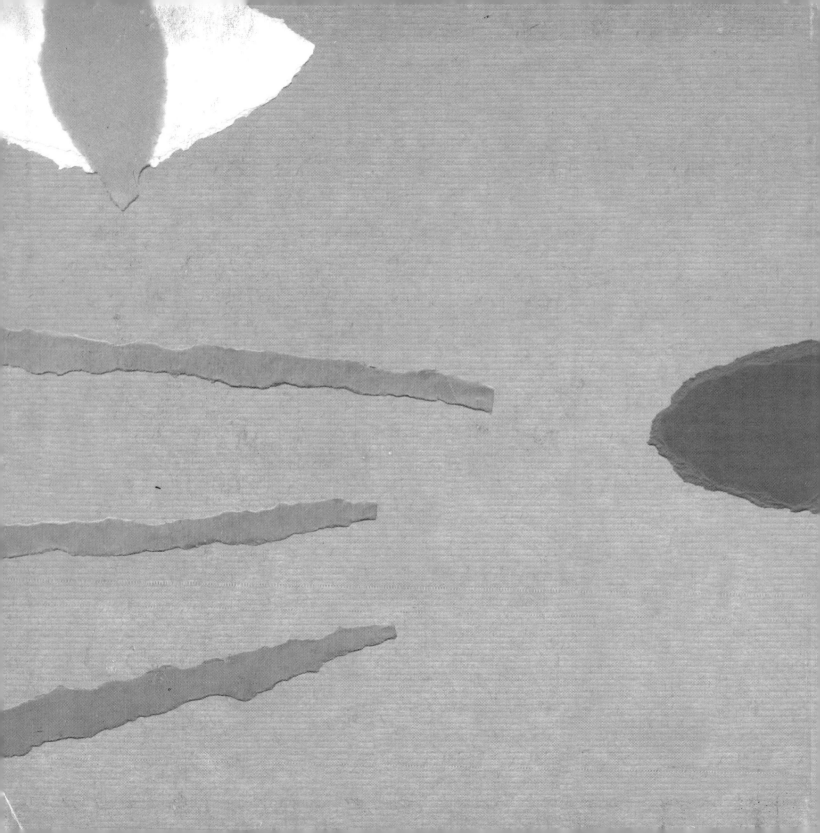